Copyright © 2018 de Lenn Vincent GmbH.
Tutti i diritti riservati. Questo libro o parte di esso non può essere riprodotto o utilizzato in alcun modo senza l'espressa autorizzazione scritta dell'editore. fatta eccezione per l'uso di brevi citazioni in una rivista libraria.

ISBN 978-3-907098-57-8

www.leonardoleopardo.es

Leonardo Leopardo
E LA SUA PRIMA DONAZIONE

Autore
MELANIE ROEMER

Illustrazioni di
JUN-PIERRE SHIOZAWA

Leonardo e la sua famiglia vogliono andare insieme al lago oggi. Ma purtroppo sta piovendo molto questa domenica pomeriggio.

Insieme pensano a cosa possono fare. Il papà di Leonardo ha un'idea. "Cosa pensi di trasformare il nostro salotto in un atelier e dipingere bellissimi quadri?" Il papà di Leonardo non è solo un grande imprenditore, ma anche un grande artista.

Leonardo pensò brevemente. Probabilmente è anche lui un super artista come suo padre. "Oh sì. Forse i miei quadri sembrano belli come i tuoi?" Il papà di Leonardo sorride ed è orgoglioso che Leonardo ama i suoi quadri.

Insieme, cominciano a trasformare il salotto in un atelier. Leonardo e la mamma coprono tutto ciò che non deve sporcarsi. Il papà di Leonardo e Lilly portano i pennelli, l'acqua e tutto il necessario per dipingere. Hanno anche grembiuli e pittura per tutti.

Insieme dipingono tutto il pomeriggio fino alla sera. "Oh, è tardi. Puliamoci e ceniamo", dice il papà di Leonardo. Insieme, eliminano tutto e mettono i quadri nel salotto.

"Leonardo, hai davvero dipinto un quadro molto bello". Dice la mamma lodando Leonardo. Leonardo è molto orgoglioso e trova il suo quadro colorato molto bello.

La mattina seguente, la signora Smith, insegnante di classe di Leonardo, arriva in classe con un nuovo ragazzo. "Bambini, ecco Jacob, il tuo nuovo compagno di classe. Jacob, siamo lieti di averti con noi. Siediti in quel posto libero" Jacob sorride timidamente e si siede al posto libero proprio accanto a Leonardo e Maya.
"Ciao Jacob, io sono Leo".
"E io sono Maya". Leonardo e Maya lo salutano.
"Ciao," dice timidamente Jacob.

"Sei nuovo qui in città?" Leonardo è molto curioso. Jacob è triste. "No. La nostra casa è andata in fiamme e abbiamo dovuto trasferirci. Anche il mio orso preferito Bruno e tutti i miei giocattoli sono stati bruciati. Ora non abbiamo soldi per comprare un nuovo orsacchiotto. Mi manca così tanto Bruno".

Dopo la scuola, Lilly prende Leonardo e vanno dritti a casa. Leonardo pensa a Jacob tutto il tempo e in che modo ha perso il suo orsacchiotto preferito.

A casa tutta la famiglia è già in attesa. La zia di Leo, Tanja è in visita. Zia Tanja è molto interessata all'arte di Leonardo. "Wow Leonardo, hai dipinto tu questo quadro? È fantastico!" Leonardo è abbastanza orgoglioso e annuisce. "Dimmi Leonardo, cosa ne pensi se ti dessi dei soldini da mettere nel salvadanaio e portarmi a casa questo quadro?" Leonardo adorava questo suggerimento.
Leonardo pensa di nuovo a Jacob. "Sai zietta, nella mia classe c'è un nuovo ragazzo, Jacob. La sua casa è andata a fuoco. Tutti i suoi giocattoli sono bruciati". "Oh, che cosa triste". Dice zia Tanja.t

Leonardo continua: "E ora i suoi genitori non hanno soldi per comprare niente". Leonardo ha un'idea. "Che ne dici se dipingessi diversi quadri per poi venderli? Potrei usare il denaro per comprare a Jacob un nuovo Bruno?" Zia Tanja era felice. "Questo significa che vuoi donare a Jacob il denaro che guadagni con le tue opere d'arte. Questa è una grande idea, Leonardo ". Zia Tanja loda Leonardo. "Che ne dite di venire da me mercoledì pomeriggio. Tutte le mie amiche verranno a trovarmi. Se vuoi, puoi mostrare loro le tue opere d'arte. Forse una di loro ne comprerà una".
"Sarebbe fantastico!" dice Leonardo.

Leonardo dipinge con attenzione i giorni successivi. Leonardo ama progettare nuove opere d'arte e provare diversi colori. Il papà di Leonardo guarda le opere finite. "Ben fatto, Leonardo, questo sembra fantastico! Soprattutto questa immagine colorata, mi piace molto. Vorrei tenermi questo". Il papà ammira l'opera d'arte di Leonardo. "Non puoi averlo, papà. Ho bisogno di questo per la donazione per Jacob".

Nel frattempo, Leonardo ha già ottenuto da Lilly un salvadanaio. Per non confondersi ha scritto "Donazione per Jacob" sulla parte esterna del contenitore.

È Mercoledì e Leonardo va da zia Tanja con tutte le sue nuove opere d'arte. Arriva presto per poter allestire bene le sue opere d'arte. Poi arrivano le amiche di zia Tanja. Leo è molto timido all'inizio e sussurra solo "Ciao". Improvvisamente una amica, Rihanna Rinoceronte comincia a meravigliarsi. "Tanja, dove hai trovato questa bellissima opera d'arte?" "Sono di mio nipote Leonardo. Ti piacciono"? "Sì, sono belle e così colorate".

Improvvisamente Leonardo dice. "Puoi comprare le mie opere d'arte. Sto raccogliendo denaro per il mio amico Jacob. La sua casa è bruciata e vorrei comprargli un nuovo orsacchiotto".
E così le amiche acquistano le opere d'arte una dopo l'altra.
Leonardo è molto orgoglioso. Ha venduto tutte le sue opere d'arte. Quando le amiche sono tornate a casa, Leonardo e zia Tanja contano i soldi dal suo salvadanaio. "Siiii, zia Tanja. Ho dodici euro nel mio salvadanaio. Sono tanti soldi? Ne ho abbastanza per comprare Bruno"?
"Sì Leonardo, dovrebbero essere abbastanza soldi".

Durante il fine settimana, Leonardo invita Jacob a giocare a casa sua. Giocano insieme tutta la mattina. Hanno fame e vanno in cucina. Lilly chiama i due. " Leonardo, hai già detto a Jacob del tuo salvadanaio?" Leonardo felice prende Jacob per mano e corre nella sua stanza.

Leonardo spiega con emozione a Jacob. "Jacob, ho dipinto delle opere d'arte e le ho vendute. Ho raccolto i soldi per te in un salvadanaio. Con questi soldi voglio comprarti un nuovo Bruno". "Che cosa"? risponde incredulo Jacob.

"Ora Lilly e io vorremmo andare con te in un negozio di peluche e comprarne uno".
Jacob è molto timido, ma Leo si rende conto che è felice. Lilly salta su. "Bene, voi due, pronti ad andare"?
"Sì, sicuro!" Leonardo è contento e solleva Jacob. Sono già in viaggio verso il negozio di peluche.
Giunto al negozio, Jacob va dritto ad un orsacchiotto. Leo corre dopo di lui. "Vuoi questo, Jacob? "Oh, sarebbe fantastico. Sembra esattamente come Bruno", dice Jacob. "Lo compreremo", dice Leonardo.

Uscendo dal negozio, Jacob abbraccia Leonardo e lo ringrazia. "
Leonardo, perché hai risparmiato soldi per me? Non era necessario".
Leonardo sorride e risponde: "Sei così triste perché tutti i tuoi
giocattoli e Bruno sono stati bruciati. Volevo aiutarti".
Jacob è felice. E Leonardo è contento di poter dare qualcosa al
suo amico per renderlo felice. È molto bello fare qualcosa per gli
altri. Entrambi pensano di lavorare insieme su un altro progetto di
donazione. Che cosa sarà? Chi lo sa!